AIKA OJENTAA NÄYT

runokokoelma

P Merivuori

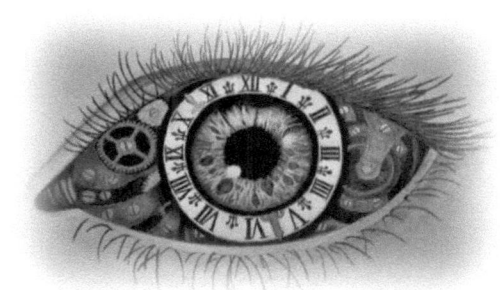

AIKA OJENTAA NÄYT

Kansikuva: Jade Amanda Matilda Sjöberg
Kuvankäsittely: P Merivuori
Kustantaja: BoD – Books on Demand, Helsinki, Suomi
Valmistaja: BoD – Books on Demand, Norderstedt, Saksa

ISBN: 978-952-80-6128-1

"Where we are coming from

Or where we go

We only know we come with sound

Where we are coming from

Or where we go

We only know we go around and around..."

- Jon Anderson ♫

"On The Silent Wings Of Freedom" | Tormato (1978)

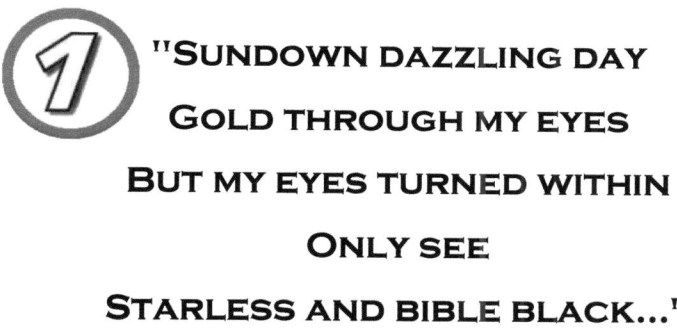

"Sundown dazzling day

Gold through my eyes

But my eyes turned within

Only see

Starless and bible black..."

- Richard Palmer-James & John Wetton ♫

"Starless" | Red (1974)

Laskimme rimaa ja

liikaa lukuarvojen varaan

Murruimme osamääriksi

Minä osoitan ja supistan ylhäältä

Nimittäjänä jaat minua vastapuolelta

Älä viilaa pilkkua

Tule lähemmäs ja pyöristä minut

likiarvoksi

TASAKKAIN

Voitontunteet törmäsivät tappiomielialan ryteikköön

Ei siksi silvota enää sanoja,

eikä sanoilla

Laskostetaan niistä mielihyvän origami

Taitetaan ne lennokeiksi vastatuuleen

ja annetaan niiden laskeutua rauhassa leijaillen

toran korpimetsään

missä hyvä tahto kasketkoon

eripuran juuret

Suhteemme into löi taikaa,

nautti vireestä tangokurssilla

Sitä argentiinalaista, viittä vaille väkivaltaista

Ahtaasti ja lähelle, kopeasti näkyi tuloskunto

itse molosta

Hanurissa sävelsi Astor Piazzolla, sopi suudella

soitannon lomassa

Suhteemme kesanto söi aikaa,

lamautti irvessä tangofarssilla

Sitä suomalaista, likimaille läpilaiskaa

Ahneesti ja kahtaalle, nopeasti syöpyi itsetunto

ulos kolosta

Hanurissa sinersi kengänkuva, sopi kuunnella

Unto Monosta

PUHDETYÖSUHDE

Oli meilläkin asioita tapetilla

ja omat saumamme

jotka puskivat ensin, aukenivat sitten rakoillen

Maku muuttui metalliseksi,

laiskaksi maattiin juuttunut vinyyli

Vikainen on oman onnensa levyseppä

Ote hitsaajien liiton kalenterista:

Ei konsensusta ilman kipinää

Jää.   ❀ (͡° ͜ʖ ͡°) ❀

Jäähy?   凸(ಠ益ಠ)凸

Jää hyvä...   (ᒡ⚈ᴥ⚈ᒢ)ᒡ

Jää hyvästi!   🖤 (ಠ౪ಠ)?

JUHLAPÖYDÄN KONVEHTEJA

Siinä me toljotimme toisiamme

rävähtämättä vaiti ja lasittunein silmin

Paijausta vailla,

silittämättä sisäsiisteinä

Olohuoneen rasiassa niin perinteisinä makuina

ettei tietääkseen tarvinnut edes mutustella

Kaksi hentoa pandan pentua

Kaksin niin kovin yksin

Meitä erotti mennyt samankaltaisuus

Meitä yhdisti tuleva ero

Joulupöydässä nieleskelin kinkkua, suolaherneitä ja

rinnan päältä

painon tunnetta

Tässäkö tämän kokoonpanon viimeinen yhteinen aattoateria?

Ruokailuhuoneen takaseinällä tuijottivat sukukuvat

yhteenkuuluvuuden velvoitteen

Kuten aina lapsuudenkodissa

antimet höysteineen tuulahtivat aromikkaina

Ruokaväki sikisi hartaudesta, väkisin ja ääneti

kuin salaisuus tai varkaudesta

Katkarapusalaatti tavoitti taivaan alun

Tuleva vuosi liittäisi katkeran sivumaun

VÄÄRÄUSKOINEN

Humanistin harhaopissa

elin rikkinäisenä

siinä uskossa, että jokainen voi olla profeetta

omalla maallaan ja

etteivät mielipiteet voi olla vääriä

Imperialistina korjasit

Kyllä voivat,

jos poikkeavat omastasi

Ei siihen mikroskooppia tarvita
että huomaisi soluissa kituvat asiat

Jollemme nyt älyä lopettaa,
ikinä ei tule toista mahdollisuutta
eikä tätä ensimmäistäkään muistella hyvällä

Pidemmälle sinua siekailematta seuraisin
jos halusi hiipua pois näköpiiristä
ei sumentaisi vaistojeni logiikkaa

Kun valo katoaa, väritkin häipyvät
ja hiljaisuuden äänivalli on koskemattomuutta
rikkovampi

Järvenselän viima rikkoo hengitysrytmin,
turvonnut tulvaoja rannan

Lätäköistä rikon jään

Riko sinä loput jonkun muun kanssa

FINAL COUNTDOWN

Oli ilmeistä

ettei kaikki ollut ilmaista

Näkihän sen ilmeistä

ettemme osanneet ilmaista

Kahdeksantoista vuoden, kolmen tenavan ja

viimeisen muuttokuorman jälkeen

Esterin päivänä

yritin sumuisin silmin kehystää perspektiiviin

erkaantumisen hetken

Kuinka lovet paukkuen

astuit kynnyksen yli kesään

ja takki auki katosit

silhuettina aamunkajoon

Toyotan katku tarttui kitalakeen

Laturin hihna kiljahti

Se siitä sitten

Se.

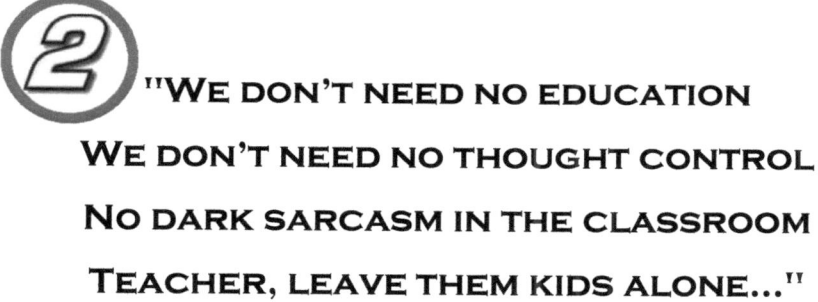

② "WE DON'T NEED NO EDUCATION
WE DON'T NEED NO THOUGHT CONTROL
NO DARK SARCASM IN THE CLASSROOM
TEACHER, LEAVE THEM KIDS ALONE..."

- Roger Waters ♫ *PINK FLOYD*

"Another Brick In The Wall, Part 2" | The Wall (1979)

Tämän luokkahuoneen pulpeteissa

asuu keskenkasvuinen ja

tappuraa niellyt kansa

jonka äänenpaino murtaa ahtojään

Fysiikan lait pimahtavat

Lämpö muuttuu tilaksi, jossa

tunnelman huurtuessa tulisuus kasvaa

Hetkessä yksi Ville

on miljoonaa

scovillea

RUOTSALAINEN RULETTI

Toinen kotimainen kieli on sinulle

kuin itikanpisto ohimolle

Se antaa syyn raapia

tikkuja sormiin

Toistuvasti samalla tapaa

änkytämme papukaijoina

oppitunnin alulle

"Nyt hetikö pitää?", kysyt

"Mieluiten aikaisemmin", vastaan

Tähtäämme korkealle tulevaisuuteen

Matka maittaa malttimme verran

Sinä pikahissillä

sitä arvaten ennustamaan

Minä tiedon portaita

sitä askelittain luomaan

STATUEMENT

Minä mikään muistomerkki ole!

Ette taaskaan ymmärrä

että elän itsessäni kaikenikäisenä

käyttövarani kukkuloilla

Nuoruuteni asuu

ominaisuutena

vanhuuteni sisällä

Vapaudenpatsas minä olen!

Sen tähden minä joka päivä isosti yritän

kun puhuminen on osaksi sitä

että teidän pitäisi oppia ymmärtämään

muitta mutkitta

omaa äidinkieltä

ja ihan ilman tulkkia

Seuraavan kerran siis kehottaessani

kuuntelemaan vanhaa tekijää ja ottamaan vinkistä vaarin

se ei tarkoita jankutustanne:

"Varokaa seniiliä naavapartaa,

ukki koettaa taas kyykyttää!"

LADY IN BLACK

Karkaisitko korkealle

jos liimaisin sinulle toisen siiven

Kun samaan aikaan olet

lannistettu ja sitomaton,

surusi haava vuotaa läpi höyhenten

ja kuin pahansuopa kollektiivinen mielikuvitus,

kipu pursuaa tiiviiksi

vasten luonteesi rosoisia reunoja

Lentäisitkö aurinkoon sideaine sulaen?

Vai kaipaatko

bling bling -paitasi ikuiseen kaupunkiin?

Roma

on toisinpäin Amor

Siinä sinä kykit kuin surumielen posetiivari,

syrjään vetäytyneenä ja

yksin lohduttomuudessa

Ja minä tässä vieressä,

palkkakolikoita keräävä positiivisen inttämisen marakatti,

toistaen niitä samoja hurmoksen hokemia

joissa harmitus on vain mielentila

joka itseensä uskomalla muuttuu

jo puolimatkaksi pärjäämiseen

Äläkä niihin aikamuotoihin liikaa takerru

Kolme entuudestaan osaat ja

neljänteen voimme yhdessä panostaa:

preesens, unohdus ja erehdys sujuvat

Potentiaalin tiedämmekin molemmat

VALIMO

Hyvä se on huhuilla yleisopetuksesta...

Voi takoa, kun rauta on kuumaa

...erityisopetukseen

kun pitää takoa rauta kuumaksi

Eilen viipotettiin niin

että kyyneleet liikkuivat vaakasuoraan kohti korvia

Tänään voitaisiin vain hievahtaa

ennen kuin hammasraudat ruostuvat suuhun

Huomenna varmaan

otsasuonet pullistuvat suolta tehokkaammin

Kitkakerrointa koko keho

ja työaika liukuvaa

KIMALAISEN LENTO

Niinä koulupäivinä

jolloin älysi on jäänyt äidin kohtuun,

olet mestari etsimään

tekosyitä

Sanoilla läimimme ilmaa,

verbaalihuidomme toisiamme

kuin kaksi kiukkuista ampiaista

yhdellä iskulla

pois kimpusta hätistäen

Pistämme vihaksi ja puhki

Kotona kiire kylkiasentoon

Sen verran lyö

huumorintajuttomaksi

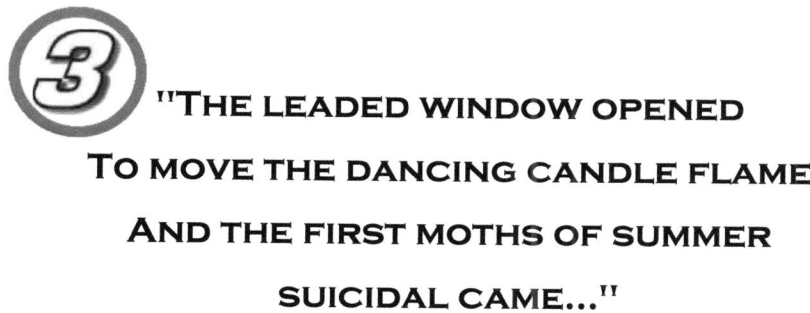

3 "THE LEADED WINDOW OPENED

TO MOVE THE DANCING CANDLE FLAME

AND THE FIRST MOTHS OF SUMMER

SUICIDAL CAME..."

- Ian Anderson ♫ **Jethro Tull**

"Moths" | Heavy Horses (1978)

Sävykkyyttä syntyy väkisin

kun älykkyys ja niveljäykkyys kohtaavat

Fidel Castro kiteytti

ettei ihminen muovaa kohtaloa

vaan kohtalo valmistaa hänet hetkeen

Kitakieleke värisee mielihyvästä ja

tässä tiimassa

huikentelevainen ylellisyys altistaa

melankolialle

Kunnon kommunismi on kuollut

Onneksi parhaat sikarit elävät

NIPPON IPPON

Ottelun päättävä suoritus ratkaisee

Väärissä käsissä japanilainen riisiviski
horjuttaa järjestystä, rikkoo yhteisöä ja tuhoaa elämiä

Tuon pullon jälkeen
tämän päivän taajuudella
päässä on syvyyttä ja pintaa kuin valtameri

Kontrollia en taaskaan tohdi menettää,
korkeintaan käyttäytyä tahdittomasti
jottei iäkäs nuoruuteni ole
aivan turhaan ylimainostettu

Ei ollut arvosanoja avioerotodistuksessa,

numeroita kyllä

kun vihkikirkkoa enemmän

maltaita maksoi

Jokunen sana jäi kynimättä

Tilit ovat tänään selvät, mutta mies ei

Yksivakaisesti pyöräytän kesäsinkun soimaan

16 vuotta liemessä kypsynyt

Minä ja Macallan

Litku pitkästä ilosta

LENKKARIT VAI PENKKARIT

"Kerro, kerro kuvastin, ken on massa kaunehin?"

Parittoman perhepotretti

on pakko ottaa todesta

kun peilikuvassa tasavertaisuus katoaa ja

löysästä pukeutumisesta huolimatta

takamus ja maha

pyrkivät ulos

tahtoa enemmän

Tyhmästä päästä kärsii koko kukkaro

Ostin kevätriehaantuneena

Asics® Gel-Pulse™ Goretexit®

päivää aikaisemmin kuin

löysin komerosta

syyshurmiossa hankitut

Nike® Air VaporMax™ täysilmatyynyt

Jälleennäkemisen voitonriemussa

ilo oli molemminpuolista

RUKKAVIERU

Eniten inhoan huonoa seuraa

kun yksin tuumin

kiusataan

Pitäisi tutustua paremmin

En halua olla kanssani

kurja kaveri

Yltiösosiaalisten joukkoäänien kyllästämänä

haluan seurata tapahtumia autiopaikalta

Vaikka yksinäisyyden aitoutta ei voi todistaa,

sitä voi jakaa keskenään

Olenkin hurahtanut sinuun roimasti

kun osaat poistua näkösältä syrjemmälle

sellaiseen kyttäyspaikkaan

mistä sinut voi kutsua tarvittaessa esiin

Erakkona viihdyn parhaassa seurassa

TUOTTEEN HINTA

Kysyntä vastasi tarjontaa

Papalla oli kahdet kasvot, muttei koskaan kaksinaamainen

Markkinoilla vaihtoivat villahousut omistajaa

Konepajalta veivät terässäiliöitä idänkauppaan

Kapitalismin tomussa kuivui sosialismin hiki

Hitsaushaalarien hajuun sekoittui torikauppiaan tuoksu

Veteraani opetti pokerin, pokerinaamalla bluffaamaankin

Kannusti tilin- ja huolenpitoon, perän- ja vihanpitoa vältti

Kunnossapitoon tehosi hiihto, paini ja suunnistus

Viittä vaille lapsenlapsenlastaan uupui posket lommolle

Tiimalasissa taipui Rautaruukin luottamusmies

Viimeinen latu laski sisätautiosaston siimekseen

Viimeiseen molskiin moottorisänky selätti

Viimeisellä rastilla löysimme kanttiinista untupullat

Vaiti söimme, viimeisen kerran

Totuus söi ulos vääjäämättömyyden, asbestipöly

sankarin sisältä keuhkot

Papan pokerirahat perstaskussa,

kihersimme Osuuskaupan parkkipaikalla

Iltakuudelta perjantaina, tuli Punapää kioskiin Datsunillaan

Kaksi kertaa tuli perään, Noroperse pullontuoja

Viittä yli toi kossun, kymmentä yli pani palkan Ladassaan

Kotvan känniään venattiin, seitsemältä lyötiin hilut tiskiin

Eikä Punapää kyennyt enää jurriltaan laskemaan

Lapioi viiden pennin irttareitaan, summamutikassa mitta kukkurallaan

Syyskarhealla iti hapan siemen kesän makeaan elämään

Salmiakin rospuuttoaikaan, paksuksi pamahti Punapää

Maksukäytännöillään aikaistavat orjat lähtöään

Lailla poistivat Chymoksen merkkarit, tukeutuivat tukehtumisvaaraan

Mäenrinteen töllissään ylösnousi paksu Punapää

Tapoihinsa hukkui, oksennus tukki kurkunpään

Merirosvorahat kutistuivat, kioskin osti nöpönuuka selväpäinen

Katosi Noroperse pullontuoja, tikahtui naiivi namikauppa

Tarjonta ei vastannut kysyntää

45

Tänä vuonna kurssimme lopuksi haluan toivottaa kaikille sekä hyvää kesää että myös hyvää elämää. Ne, jotka ovat kuulleet kevään kuluessa huhuja, että päiväni alkavat olla luetut, voivat vihdoin onnitella itseään. Jäärän on tullut aika siirtyä eläkkeelle. Edessä on viimein hetki, jolloin tutkija itse muuttuu vaivihkaa arkistolähteeksi. Suven kynnyksellä on minun vuoroni väistyä kiistapallon keskeltä koipallojen joukkoon.

Me viskaalit juhlimme illalla jäyhästi ja vakavina. Mutta teille, joiden viisaus vaappuu vielä vajavaisena, yritän loppukaneetissani löytää ponnekkaan siemenen. Itsestäni en aio enää puhua. Vaikka aihepiiri onkin syvä ja juureva, se lienee matkani saatossa loppuun kaluttu. Sen sijaan haluan sanoa seuraavaa yhteisesti teille, mutta yksityisesti sinulle, joka tunnet piston omassa rinnassasi:

Seitsemäntoista vuotta historianlaitoksella on pitkä aika. Olet nähnyt opiskelijaruokalan menun kehityksessä uudet raaka-aineet ja maistanut niissä maukkaat muotivivahteet. Siinä missä minä olen karusti harmaantunut, sinun hiustyylisi on muuttunut iäti orastavan kapinasi kyljessä. Mitä tulee kirjallisiin tuotoksiisi, ne ovat olleet väriltään yhtä aistirikkaita kuin T-paitoihisi painetut räminämusiikilliset julistukset. Totuuden nimessä lisäripaus tieteellisyyttä ei olisi pahitteeksi ylitsevuotavaan narratiivisuuteesi.

Vuosi vuodelta näytät siirtyvän luentosalissa yhä taaemmaksi. Lyhyen laskuopin mukaan ja penkkirivistöillä mitattuna olet parin vuoden kuluttua selkä seinää vasten. On häilyvä mahdollisuus, että olet ymmärtänyt väärin koko korkeakoulun funktion. Ei se mene niin, että mitä pidempään täällä istut, sen korkeammalle tulet nousemaan. On toki olemassa sellainen vaihtoehto, että tulevaisuudessa auditoriota remontoitaessa, sen jyrkkyyttäkin hieman korotetaan.

Ennen kuin astun lopullisesti korokkeelta takavasemmalle, paljastan sinulle ontologisen salaisuuden. Tiedekunnan ulkopuolellakin on elämää. Tämä astrobiologinen yllätys tuntuu aluksi haasteelliselta. Ensijärkytykseltä toivuttuasi, se kuitenkin ennen pitkää palvelee jännityksen hakuista itsetuntoasi. Ota tästä paljastuksesta sekä omasta niskastasi kiinni! Valmistu tuplaotteella ja rohkeasti kohti yhteiskuntaa. Ajattele! Silloin et haaskaa aikaa. Minä näen sinut täältä. Mutta minä näen sinut myös täällä. Vaikka tänään olen kuoleva ideologia, huomiseen jään ikuisesti elävänä todisteena. Pöntötkin voivat päästä puhujanpönttöön...

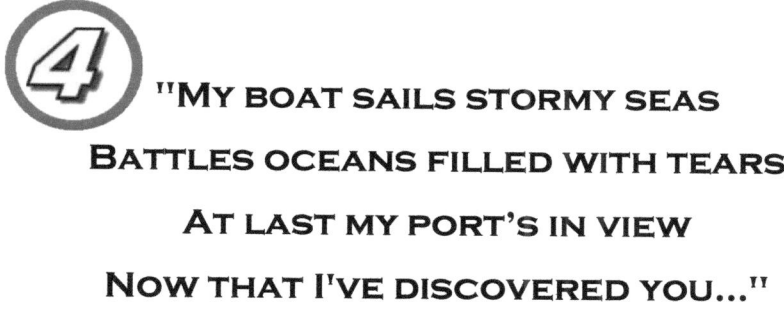

"MY BOAT SAILS STORMY SEAS

BATTLES OCEANS FILLED WITH TEARS

AT LAST MY PORT'S IN VIEW

NOW THAT I'VE DISCOVERED YOU..."

- Ray Thomas ♫

"For My Lady" | Seventh Sojourn (1972)

✛ VUOLAS HELLAS: α) *Alpha* – 2003 SANTORÍNI / Σαντορίνη

Aurinko vaipui liekehtien purppuramereen

Kuutiotalot puolilieriökattoineen

loivat illansuussa

äkkijyrkkään hohkakivikallioon

pengermäornamenttien tenhon

Valokuiluissa, mutkakujien spiraaliportaissa

puuska oli hillittömin tanssija

Kadehdin tuulen haamua,

joka vaatteittesi kustannuksella

tunkeutui arastelematta iholle

Silmäin alla kaikkeus kuumoitti koskettavasti

Maisemassa rakkaus oli himon markkinointipuhe,

hipaisun joka sortti,

hyväilyn läikehtivä postikortti

Rosvopartaisen marmeladikauppiaan tuputtaessa turisteille

imeliä sokerisirotemykyjään,

rantakapakan gastronomisessa savussa

vaani pelikaani

katamaraania

Kyrillisten kirjainten tungoksessa

arvailimme läpi kansanperinteen museon

Viininpuserrushuoneen muotokieleen emme tarvinneet tulkkia

Kaupunkivaltion jalopeurapatsaat

poseerasivat ylväästi seisten ja

teatteriraunion puoliympyrä kukki, kurkkivat

notkelmakätköstään piikkipäivikit

Kehopusitiivisena sait torsonikin mahtailemaan

Yön valuessa kouros oli veistoksellisin,

ilkosilleen lemmen hoteissa

kuin pökkelö pinokkio

emävalheen kourissa

Herttuakunnan linnan kulmatornista

ajelehdimme kivenheiton matkan

Neitsyt Marian perisynnittömän sikiämisen kirkkoon

Ympärysmuurin varjossa,

salaperäisen hiljaisuuden piirittämänä

piippuköynnöksen vaatimattomat kukat

korostivat tahrattoman Äidin pyhyyttä

Ahtaissa kortteleissa törmäsivät meze-lautasten tuoksu

Kyläpapin rottinkikorista pilkisti Egeanmeren kissa

Kulkijan kiusaus

ei kumartanut lankeamattomuutta

Jo rypäleensinisessä meressä olisi tehnyt mieli hairahtaa

Vuorovesialueella suutelimme

Apollonin temppelin oviaukon suulla

Omasi portilla, lakanoiden pyhäkössä

saimme kroppakaupalla aikaan

Tulosi elämääni loi halun vakavaan muuttumisleikkiin

Sadan oven Neitsyt Marian kirkossa

pyhien palkattaparantajien kappelissa

kohtalo sai lupauksen ja

suojelushenki votiivilahjan

Bussimatkalla tippukiviluolaan

hylättyjä marmorilouhoksia ympäröi hiljaisuuden aura

Trafiikissa kalabaliikki ja meteli, mateli

rustiikki reliikki

Altaalla auringossa olit punakuviokeramiikkaa, jälkeen

polttoprosessin

kelluit amforan muotoisena

veden vaatettaessa viivasi

läpikuultavaan kimmellykseen

Hius kerrallaan purjehdit pääni ympäri

Yön temmellyksessä

olimme yksimielisesti kaksimielisiä

Ajuruohoryppäiden varpulaikuissa sirittivät laulukaskaat

Asklepieionin pyhäkköön samaistuin nautinnolla

Antiikin ajasta haltioituneena

uskoin omistaneeni tienoolla pihan

Tilukset, sinä korjasit

Hippokrateen idänplataanipuun alta

keräsimme parannuksen siemeniä

Satamatavernassa iäisyyden lääkkeet narskuivat

pitkulaisina tomaatteina punaviinijuuston päällä

Nököttävä silmälappumuuli peittyi

biljardisalin neonputkiin,

kaatosateen nuollessa puistokujanteesta

pois lopun menneisyyden

Hetken kuljimme purjeperhosen rinnalla

Kuuma suihku meni tunteisiin, äkkipikaa pesuveden mukana

koko häveliäisyys

Lahdenpohjukan töyräällä

pölyinen kana lensi ruhjotuin siivin

Ultramariini trehantiri purki riimuverkkojaan,

silmissään

kalmarien unioni

Haalea sade liukeni bitumisoran kurttuihin,

tiskaten tavernan mosaiikkilaatoilta

punamullojen laihaveriset irtosuomut

Superkuun noustessa

ilmansuunnat kääntyivät keskiöön ja

himo kukisti järjen hengen

Souvenir-myymälän merisienellä

hipaisin ihokarttaasi

Huumasi hekuman liukuma

Alastomana olit alruunan juuri

Virrasta turtana muurinmurtaja

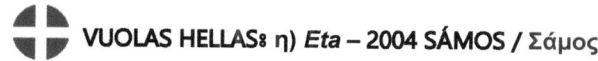
Anisruoho *(Pimpinella anisum)*

summasi illan yhtälön

Ouzo isännöi isolla sydämellä ja kovaan ääneen

"Jokainen tähti sammuu aikanaan!"

Lohdutitko lauseella minua vai itseäsi?

Säteilypaine puhalsi energian planetaariseksi sumuksi

Aamulla kaasupilvestä tuikki enää valkoinen kääpiö

Arkeologisessa museossa yritin vielä historianopettajana loistaa

Kuolleet esineet kuuntelivat tyynesti eläviä

Pythagoraan muistomerkillä kertasimme lausetta ja

pieteetillä kateetteja

Kolmikulmainen olo räjäytti teoreeman

tuusan hypotenuuskaksi

Särkän pyörteissä erotin ontelomeduusojen hipan

Rauniokolosta lensi Välimeren sinirastas

Pikakahvin jälkeen varpusparvi

Kappelin koristeoven takana

munkkiliturgian kumeat aallot lainehtivat ristikkäin

Luostaripihalla sovitin saarnaan pasuunat

Pitkin kivettyä vuohenpolkua pyhiinvaelsimme

apostoli Johanneksen ilmestyskirjaluolaan

Taivaan portilla kukki villitimjami

Jumalan huoneessa suitsutti mastiksipihka, syveni

seitsemän kynttilän hämärä

Pyhyyttä puntaroin, olenko kohtaloni herra vai

Herrani kohtalo

Räsään tuulimyllyyn nojaten

virnuili hampaaton äijänrähjä

Pyhillä paikoilla elämänilo pursuaa voimakkaimmin

Retsinan jälkeen vertailimme tuliaisia, tulisena kumpuili

kiihkon patriarkka

Evankelistoina teimme toisiimme toivioretkiä

Hymyillen lymyili ikoni

Kuivassa kattilalaaksossa,

rikinkatkuisella patikkaretkellä

romahtaneen tulivuoren kalderaan,

haistoimme uinuvan jättiläisen

Keskeltä karun maanhalkeaman

kuin keskisormet pystyssä

kasvun huutomerkit,

koppisiemeniset keltajättiputket

kiiluivat auringon säteitä matkien

Mandrákin aukiolla mantelisiirappi värjäsi suupielet

ja saksanpähkinäpuut,

purkausten tuhkassa kasvaneet,

tuhisivat alkusoittona järistyksen ahnauteen

Ranskalaisen parvekkeen tiikkiovet auki

noukit terälehdellesi

sammallehtoon, halki paratiisikeitaan

laavamatalikkoon

❤ SYYNI SINUUN V

Sinussa jetsulleen

Vlad Țepeș, Harold Rhodes, Antonio Sánchez, Lou Ottens, Viggo Mortensen, Marquis Mills Converse, Jules Verne, kylvettäjä Tyyne Hurskainen, Siiri "Äitee" Rantanen, Mauri Antero Numminen, Henri Toivonen, Volvo-Markkanen, Antti Pendikainen, Kettunen, Saga Norén, Paul Mauser, Margaret Thatcher, Howard Carter, Angus MacGyver, The Mayflower, Buventol Easyhaler, kunniakierros, Mauri Kunnas, Eddie "the Eagle" Edwards, Handerpants, Alix Gracchus, katekismus, Charles Mingus, Raivola-rysapöksyt, The Indestructible Toyota Hilux, Machu Picchu, Corgi Toys, kalkitos, "Stig ombord!", Solveig's Song, Katja Ståhl, Gavin Harrison, Ólafur Darri Ólafsson, 50 pennin pajatso, Fernando Redondo, ylioppilas Larvanto, Porsche 919 Hybrid Evo, Tango Nuevo, Frida Kahlo, Metabo – Professional Power Tool Solutions, Steve "Lips" Kudlow, Robert Wadlow, John McEnroe, "Hello, Hello, Hello... Where's the cat? ...The cat's in the moon!", Ben Hur, Vaiennut viulu, Robert Moog, Reinheitsgebot, Don't Let Me Be Misunderstood, Nicholas Grisefoth, Angkor Wat, Hákarl, Amelia Earhart, L. Ron Hubbard, Kareem Abdul-Jabbar, Kaido Kuukap, Tumac, Bellingcat, Cyberpunk, Kevin Wendell Crumb, Mathias Rust, paholaisrausku, Sitting Bull, Sandra Bullock, Thelonious Monk, Evel Knievel, Gargamel, Wilhelm Tell, Hydraulic Press Channel, Kyle Chandler, Tupperware microwave omelet maker, Lemmy Kilmister, Rosinante, Daniel Tammet, "I see dead people!", Juan Román Riquelme, Horatio Caine, Anthony Bourdain, Kihachiro Onitsuka, gurkha, rukoilijasirkka, Kawasaki Z1300, Mister Data, Armotonta menoa, Teemu Keskisarja, hiussuka eli suihkuharja, Satunnainen matkailija, koprolalia, Raaka-Arska, Remontti-Reiska, ektoplasma, Niksi-Pirkka, Famadihana, satyāgraha, Julia Pastrana, Jarmila Kratochvílová, isomureena, sahtikuurna, Lamborghini Miura, "Missä Jallu luuraa?", laukkamakkara, Jorma Panula, Kaija Juurikkala, mandala, Mato Matala, Umpah-pah, Sam Yaffa, sisäilmaongelma, The Six Million Dollar Man, Tracey Ullman, The Snowman, Marlboro Man, Area 51, Avaruusagentti Valerian, Sabian Artisan, BMW E9 3.0 CSL, Pythia (Delfoin oraakkeli), Arthur Fonzarelli, Vilhon Grilli, Miitta Sorvali, marinoitu punasipuli, pyörivä dervissi, Miyamoto Musashi, Ninkasi, Marble Machine, Saladin, Akim, Taika-Jim, Klaus Flaming, Tom Brady, Haribo Hedelmätutti, Mensan testi, Kismet Islanti, Leonardo Da Vinci, Vauva.fi, James Naismith, Still Of The Night, Enola Gay, Gary The Pine, Monteverdi Hai, nenäteippi, Virupaksha (Hampi), Amerigo Vespucci, Pekka Marjamäki, Kielletty kaupunki, Floki, pulssioksimetri, Jumalan teatteri, Marie Curie, NDE, maitohappobakteeri, Pelle Hermanni, Gord Downie, Niccolò Paganini, tugeeni, "They killed Kenny!",

Lemmenlaivan kapteeni

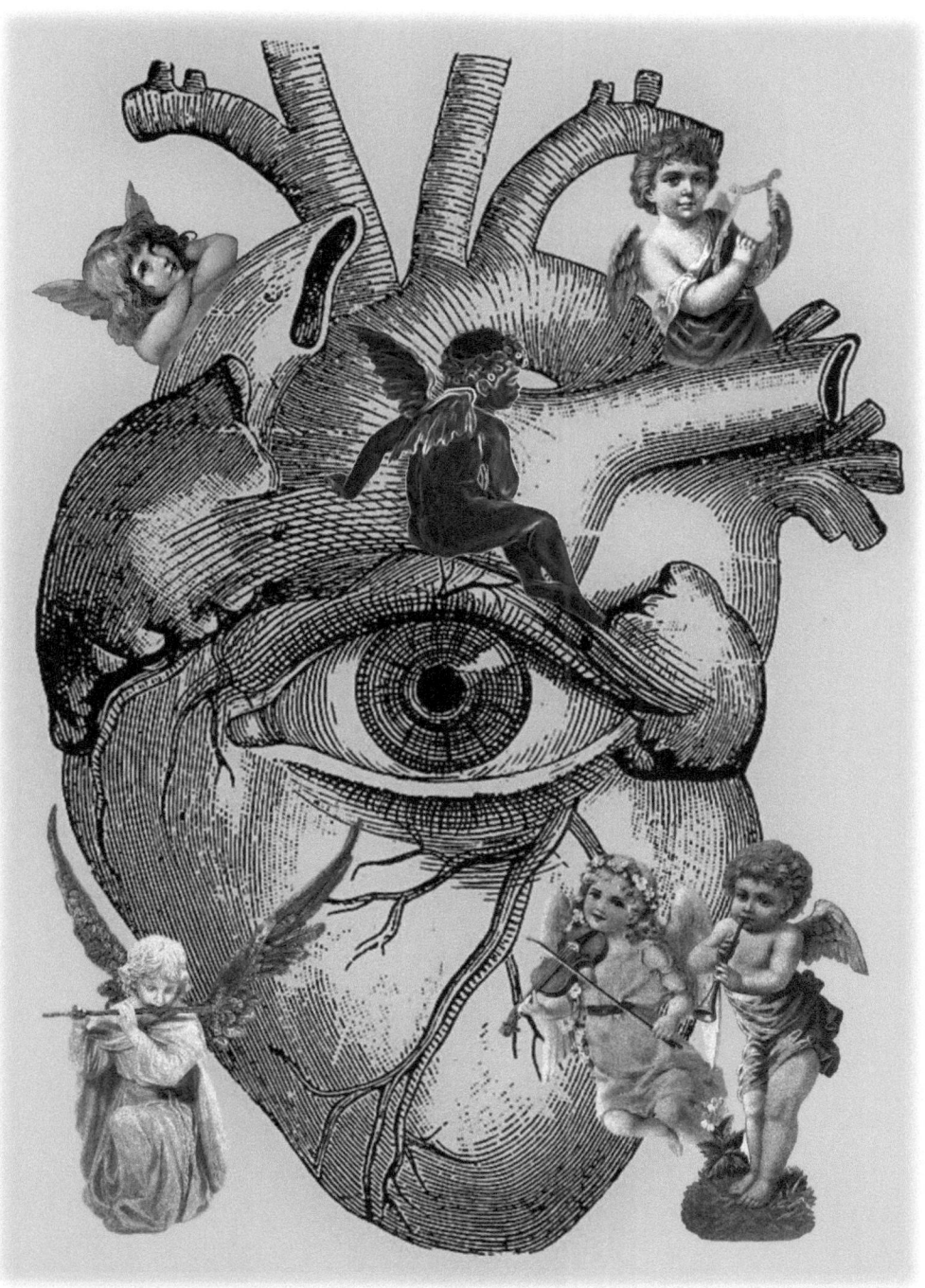

 "Same old song

Just a drop of water in an endless sea

All we do

Crumbles to the ground,
though we refuse to see

Dust in the wind

All we are is dust in the wind... "

- Kerry Livgren ♫

"Dust In The Wind" | Point Of Know Return (1977)

Usein sen talon kohdalla liikennevaloissa

Nysse pakokaasutti huururenkaan ja

Janssonin kolli kusi aromikeinahdellen

lastentarhan lumilyhtyyn

Sukunimestä muistan, kuinka kiusaus

ei hivellyt pikanttina tuoksuna makunystyröitä

vaan syöksyi eltaantuneena hajuna

puisen porttikäytävän nariseviin huokosiin

Aamuisin lapsuus oli herätyskello esikoulun vieressä asuvalle

Juuri ennen poismuuttopäivää

päiväkodin aitaan ristiinnaulittu puukenguru

sai töhryiset Hitler-viikset

Jämäkästi johti Kössi joukkojaan

"Sieg Heil!", huusin ja läksin viimeisen kerran

Piha täyttyi tupsupipoista, vinkui saman keinun kiikunta

Karusellin takana räkänokka

söi taas keltaista lunta

TAPANINPÄIVÄ

Sitkeän kaupunkipahasen torilla

aika ankkuroituu jokivirran seisovaan lietteeseen

Ajassa kyyhöttää kulkijan kaiho

Auttamatta parhaat päivät takanaan

teollisuusalue kuorsaa, vetää pyhänä lonkkaa

Nuokkuen viruu ajelehtivan mieliparka

Tummassa horisontissa kajastuspiste,

siintää ripauksen keidas, ankeuden eriste

Työnvastaanotossa palaa valo, ahkeroi

Sisun huoltokonttori

Palvelutiskille haluaisin retuuttaa

vaimeat ja puutuneet tapani

Leo Pubin edustalla

vanha nainen hunningolla

Remmi lyö taustalla tahtia, ryypyllä ryhtiä piiskaa

Alikulkutunnelissa huilaa Tokmannin ostoskärry

Ottanut jalat alleen, kun päähän loputon hullunmylly

Konkurssikompleksin tenniskentällä hiekkatekonurmi maatuu

Luonto ei lomauta, anastaa visusti haltuun

Vaikka otan osaa, onkeenikin

tämän kulmakunnan pois virumiseen

ja seudun viheliäisistä virheistä,

se anoo yhä yhteyden

Kärsimätön vastaa huutoon ja

kuin muistisairas, siedätän totuuden

kankeasti maisemia kerraten

Teboil liputtaa Montessori-tarhan pientä porukkaa

Tehdaskadulla Boforsin tykki

vartioi keskuskeittiön limaista tillilihaa

PITKÄPERJANTAI

Eikö Hämäläinen loista nimensä veroisena

jos joulukoristeensa vielä pääsiäisenäkin?

Lumen hiipuneessa valossa

laiska tanner jäätyy aikaansaamattomana

Kevät jätättää, ei jätä kouriin

tuntuvaa jälkeä

Ilta vonkuu sahamusiikkina, ikävä on

tarttumapintaa vaille värisevä

Havaslahden vesi virtaa vastakarvaan

kohti koirien uimarantaa

Kunnanvarikolla

häkkivaraston seinustalla

luudat odottavat noitiaan

Sotavallantien ahteessa liikenteeseen viidenkympin rajoitus

Pitäkää hatustanne kiinni

Kohta jo vuoden verran yli

Terveystalon Lääkärilehdestä luin, että puolen vuosisadan jälkeen

alkaa väistämättä

elämässä alamäki

Olkaatten hyvät! Sopii siirtyä alta pois

Koko lailla rivakasti rullaa ja

hytkyen

ihan omalla painollaan

VIIKKOPUOLI

Tullessanne

ääntenne tulva rauhoittaa viipymättä

raukeaksi,

raahaa ruumiinlämmöllä

taustalle turvallisuuden tunteen

Hiljaisuuden kuoro väistyy korvannipukoista

kyttäysasemiin

valmistelemaan taas rooliaan

sahahampaiseen supinaan

missä yksinolo ulvoo ummet ja lammet,

suonsilmätkin

Vuoroviikon toisen puolen sadussa

huusholli harmaantuu ja juoni

kuin seisova hapan juoma

Pitkäpiimäinen, eikä jonotusnumeroa tarvita

Surun ollessa syvässä päässä,

oven pieni raottuminen soluttaa valokaistaleen

itsensä epäilyyn

Vähin erin kieltäytyy altistumasta

tekosyille ja tyrannialle

Kärsimyksen kierre lakkaa ryvettämästä unelmia

Tumma vire helähtää hentona ja

hivuttautuu soinnuksi koskettaen

Äkkiä näkee taas lukemattomia mahdollisuuksia ja

hankikannon päällä

laho muuttuu tervakseksi

KOMPOSTORI KONKISTADORI

Päivät haavesokeutta täynnä,
piteneviä varjoja haalistuneessa rytmissä

Vaikka löytää uuden maan,
käyttäytyy kuin vanhassa

Vie sinne entiset lait
ja aivan kuten ennen,
kaikki muuttuu samaksi mitä jätti taakseen

Kaunis valhe hälvenee vaikean totuuden tieltä

Suhdepolitiikan täytyttyä
valloitusoppi viimein maatuu ja
tapojani kompaten

uunituore alue
odottaa jälleen löytäjäänsä

Pelon hätähuudon suren murheena

Murheen merkistä kannan huolta

Huolestuneen ilmeen verhoan epäilyksenä

Epäilyksen tunteen haudon kuvitelmaksi

Kuvitellun haaveen sytytän toivoksi

Toivon kipinän parannan uskoksi

Uskon vakaumuksen vahvistan luottamukseksi

Luottamuksen takeen nautin tietona

Tiedon pisarat kerään valistukseksi

Valistuksen voimassa kurkotan valaistukseen

Valaistuneena oivallan kaikkivaltiaan pelon

KELONKORJUU

Ajatuksissa aukkoja,
koruttomia portaaleja tyhjyyteen

Puiden piikkisikamuotoihin katoava Otava
tekee itsestään vaivannäön

Raahustan pöpperössä ohi vuodenaikojen
Hankien alta pilkistää kasvomaskeja ja koiranpaskaa

Ääripääni syleilyssä vastakohdat kiilaavat toisiaan

Siinä missä kuunsirppi niittää kuoleman satoa,
näen rosoisella tiellä hymykuoppia

Kreivi Armfeltin hautakappeli uhkuu isäntänsä sanoin:
"Kansa tyytyy vähään, kun sen ei anneta tietää paremmasta!"

Tsaarinpoppelin alla liukenen historiaan

Missä valo on kirkkain, siellä varjo on syvin

6

"WHO WILL LIVE IN DARKEST NIGHT
DANKEST GLOOM AND QUIETEST QUIET
FAR FROM ANY HUMAN SOUND
BURIED DEEP BENEATH THE GROUND..."

- Keith Reid ♫ PROCOL HARUM

"Beyond The Pale" | Exotic Birds And Fruit (1974)

Ei elämä ole tanssia

Tai jos on, niin

ei ruusuilla tanssimista

Tai jos on, niin

piikit kyllä pistävät kantapäihin

Tai jos ei, niin

kantapään kautta kuitenkin

oppia ikä

kaikki

tai ei mitään

SOLUUN SÄILÖTTY

Vastoinkäymisten kautta vuokralaiseksi

tähän katkuiseen torsoon

joka kaikilla mausteilla

täydessä sotisopassa

alvariinsa

liemeen joutunut

Kyynelnesteestä suola, kylmänhiestä etikka

Suutuntumalta sopimattoman

luonut laskuhumalassa jumala

arjen muotoiseen akvaarioon

missä lasin takana sen vierustaa

jukuripäänä

ympyrää kiertää

Kastiton ja kurttuinen, valittuna viimeinen

Vaikka päätä ja häntää, vain häntäpää

kuin tölkin katala harhama, jatkuva

suolakurkun kantapala

Metsänreunaa kolutessa sulaa routa ja

aiempi arvopohja

Kermavaahtoa valuvat kinokset

kuorruttavat ajatusmaisemien

hyytyneet karikkeet

Painon alla riite

rätisee papattimattona

Painon tunteen alla muistot kutittavat

syyhyn lailla

Juoksemalla raavin mielen vereslihalle,

juoksuajassa verekseltään

tuoreen alun syntymä

Yhtä olen murheitteni kanssa,

jumituksen sakka liikkeessä

Ruuhkavuoden kuonaa liikenteessä

MERIKAPTEENIT

Täysin purjein ryskääville

uskottelivat sataman auvoisuutta

Sillanrakennusohjeista huolimatta

mieli nikkaroi laiturin

Lankku kerrallaan

kaistale kurkotti ulapalle

Lautojen loputtua sydän tuijotti aavaa

Aallot rikkoivat rantarauhaa

Tyrskyt olivat koti

Pakko lyödä poikki

vapaaehtoiset kahleet

kun kaltereiden takana

emme niitä tarvitse

Itse ironia on rautaa,

itseironian puutos

arvon anemiaa

AMPUTAATIO

Omistushaluisina hetkinä käyt vanhemmuudella anekauppaa

Puret kurkkuun kiinni ja

minut irti lapsistani

Tänään olen torahampaissa

En laatuunkäyvästi osallistu perheen pyykkihuoltoon

Moitteetta ymmärrän vihjeesi

ettei kaikkia hampaitakaan tarvitse pestä

Vain ne, jotka haluaa pitää

Itse rakkaudesta haluaisin yhä oppia

Työläästi olen vielä itse

kesken

Itserakkaudesta olen jo oppinut

Itsekeskeinen

en haluaisi enää olla

Tämän tästä

kun uppoudun syvälle,

upotan yhtä aikaa

Rakkauden murheesta varttuu julma sydän

Se eksyy jäljiltä ja hairahtaa harhaan

Sen syke katoaa vaiti taholleen

Sanoista pihkuu sekopäisyys, mutta sanomaton

sekoittaa kompassin

Suunnattomasti sinusta välitän

Ilman suuntaa sinusta välitän

OHJANOTEERAUS

Tyyppiviasta lajityypin stereotypiaksi

Monoliitiksi mollin monotomiaan

Sanovat, että kasvun paikka

kun ihmissuhteet versovat

koiranputkea

Sitruunapuu nojaa tuvan eteläikkunaan,

ymmärtää koti-ikävän

sekä suuntaviitan lämpöön

Laavalampun kajossa varjokaan ei kaveeraa

Hämärässä häilyy huomaamattoman hinta

Saunan jälkeen pelaan varman päälle ja

puen huomioliivin

Teen pyhiä kokeita

Jospa enkelit vain sittenkin

värisokeita

Vaahterat aloittavat hätäisimpinä

ruskan ruostefestivaalit

Särkyneissä sävyissä syysmielen häilähdys

Vastaistutetut kynäjalavat tuijottavat tarhahäkeistään

Tunteiden eristyssellistä

empatiat nyökkään

Jos kultakuumeessa

teet nimiisi tämän valtauksen,

tuo mukanasi mäntysuopaa

Sydämessäni on aina tilaa ja

tahroja

VALVE

Yö juoksuhiekkaan rakennettu

Nukkumatti kukkarossa

Uni köyhyyttä täynnä

Verestävin silmin

lampaat laskettu kuiviin

"SADLY NOW YOUR THOUGHTS TURN TO THE STARS

 WHERE WE HAVE GONE,

YOU KNOW YOU NEVER CAN GO

WATCHER OF THE SKIES, WATCHER OF ALL

THIS IS YOUR FATE ALONE,

THIS FATE IS YOUR OWN..."

- Tony Banks & Mike Rutherford ♫

"Watcher Of The Skies" | Foxtrot (1972)

Onni oli silta yli synkän virran,

autuuden kaari, jonka kivijalkaa rakkaus kannatti

Kulkeakin kannatti, yrittää sinnitellä päästä päähän

Keskelle kerittiin, liiaksi levättiin

Näköalatasanteella kaide repsotti

Maali halkeili elämänviivoina, maaliviiva tuli

kaiken keskellä

kesken kaiken vastaan

Kontaktipinta uupui, voimakin päästä päähän

Villa kerittiin, perintökalut puoliksi jaettiin

Syli tyhjänä yli sillan jatkoit

Kulunein kengin käännyin takaisin

Paluuaskeleissa pari tarinaa

Paritarinassa arvoisat muistot

INTERPRETAATIO

Hullulla on hullun elkeet

Ryntään kuin karhu eksistentiaalikriisissä

Sekoitanko reagoinnin tunteeseen?

Välitän tavalla, että verenkiertoa vain pintahipaisen

Sekoitanko pakkomielteen vapauteen?

Toistan samat virhetekoni

kuvitellen lopputuloksen muuttuvan joka kerta

Sekoitanko vainoharhan todellisuuteen?

Haavat saavat aikaan pahaa verta,

havisevat selkäni takana

hiekkakuopan tuulessa kuiskien

Kahjolla on kahjon kujeet

Aistin kuin fakiiri epiduraalissa

Sekoitanko uhrautumisen ystävyyteen?

Miellytän tavalla, että huomiosta itää ahdistus

Sekoitanko herkkänahkaisuuden tunneälyyn?

Odotan hersyvää naurua

huomatakseni itsetunnon hilseilevän

Sekoitanko suonenvedon erektioon?

Kankean lihaksen jännitysnäytelmässä

magnesiumin puutos on ainoa

keholihan muutos

UUDENVUODENPÄIVÄ

Lumiaura kolaa

kokkareista nokareet

Kääpiökuusi tykystäkin

kyykyssä

Metsäkauriit sorkkineet hautuumaan koivukujan

töpöhangeksi

Kotona googlaan, että

aistiportit avaavina voimaeläiminä

tuovat tullessaan

hyväntahtoista hellyyttä ja viatonta lempeyttä

Televisiosta presidentti uudenvuodenpuheessaan:

"Oleminen vaihtui hetkessä toiseksi,

paluuta entiseen ei ole!"

Uutisissa parodioivat Hispanian lumikaaoksen

Madridin Pormestari vonkaa militaariapua

Tweed-loimen alla Ratsuniityn ruuna

hykertää hehkuvana

Turpa kerää jääpuikkopartaa

Suhteeton on

omankin näytöksen mitta, kaava

johon kangistuu

Kylmyys esiintyy intohimon valeasussa, pakkanen panee

koreasti tanssijalallaan, röyhkeästi jämäköityy kalsa

paso doble

Kurinalaisesti tartun tuiskua sarvista, ryhdikkäänä,

voimakasaskeleisesti ja ylväänä

hyökkään areenalle ilman pelon häivää

Ko tarppeks vaatet ni ei härän päivä

KARMAKORVA

Surun vankina vereni tummuu

Näivän kasvaessa niljakkaaksi
päästän otteen irti ja kuuntelen

Kohtalo puhuttaa, vaan ei keskustele

Sallimus toistaa, että on tervetullut
muttei tarkoita, että voi omia

Yhä uudelleen ymmärrän yskän,
kaikkivoipaisuudesta kihoan juhlamielelle ja
seuraavaan lankeemukseen asti vannon
että muu maailma
on taas mielipiteitäni tärkeämpi

Ei liene läpimurto tajuta, ettei ole jumalainen

vaan ymmärtää

että meitä on moneen munaan

Heti kuoriutumisen jälkeen alkavat erottua toisistaan

ne, jotka syövät energiaa ja

ne, jotka jakavat sitä

Viitapiruina sikiävät

toistuvasti munivat,

yksin yksinäinen rakkauttaan

autiotuvassaan kantaa

Kaikkeutta johtavat sielukkaat,

ottakaa koppi ja halatkaa

Kohta jo dinosaurus, se enää ajan kysymys

Vielä lohikäärmeeksi matkaa, siihen

pyhä pyrkimys

ISÄNTÄ & RÄNTÄ RIENTÄÄ

Lenkkitien kinostaessa itselleen päiväpeitteen

jäinen puuterituisku pistoruoskaa poskipäät

Seuraan traktorin jälkien nuolikuviovanaa, jahtaan

hien janaa

kohti nirvanaa

Gore-Tex ja turvapohja ovat pettäneet

Runoilija kostunut taas vähästäkin liikutuksesta

Taakan alla kitisevät nuoskaiset nivelet

Ajatukset kietovat nietokset kiitoksin

Vastavaluva lumi on soihdunkantaja

Suojasäässä olkapäällä

varjelus

kuin loimunantaja

Tekijä tekee vaikka silmät kiinni

Kokija katsoo kumpikin silmä auki

Yksin kolmannellaan
näkee näkijä

ARMONAIKA

Katalia haavoja olen arviksi parsinut,
mielen syövereihin tuskaa tallentanut

Aika vihdoin kohtalon
valtimon sykkiä nouseva sävy
Aika lunastaa ilmestys,
omaan onneen iätön syy

Aika kääntää elon sivua, voipuneen toipua,
jo puhaltaa henkäisy

Aika himmentää alun kipua, kantaa edellä,
antaa rauhan lipua

Katveesta ken hehkuun, kiertotietään
sokkona käy,
osassaan ei oitis, vereekseltään herännyt

Aika lujentaa, olla viimein ehyt

Aika ojentaa näyt

SISÄLLYS

AIKA OJENTAA NÄYT

❶ STARLESS

❷ ANOTHER BRICK IN THE WALL, PART 2

❸ MOTHS

❹ FOR MY LADY

❺ DUST IN THE WIND

❻ BEYOND THE PALE

❼ WATCHER OF THE SKIES

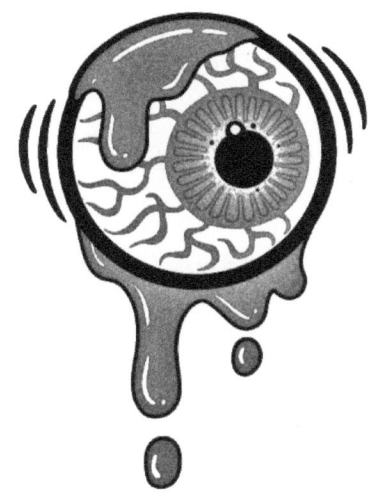